LE TRANSHUMANISME EST UN INTÉGRISME

MATHIEU TERENCE

LE TRANSHUMANISME EST UN INTÉGRISME

LES ÉDITIONS DU CERF

www.editionsducerf.fr
24, rue des Tanneries
75013 Paris

ISBN 978-2-204-11494-3

Ce n'est pas par ses propres forces que Philippe prend l'ascendant, mais à cause de nos propres faiblesses.

DÉMOSTHÈNE,
Première philippique.

Avertissement

Le transhumanisme symbolise tout ce dont peut être affligée notre époque. Le « progrès » qu'il prétend représenter se situe aux antipodes de ce qu'on peut, en toute conscience, souhaiter au genre humain. Les prophéties technologiques, les alibis éthiques, les complaisances médiatiques, bref tout ce qui caractérise la montée en puissance de ce mouvement est occulté, car en nos temps de confusion le mal est fait au nom du bien.

À la différence des cyniques, nous ne vanterons pas pour plaire au plus grand nombre ce que l'on sait lui être nocif. Si le transhumanisme n'a pas encore été déclaré « ennemi public » – au contraire, son audience grandit –, il est déjà considéré comme tel par ceux qui ne renoncent pas à la « vraie vie » dont parle le poète.

Nous allons voir cela de plus près, mais disons tout de suite à quel point chacun peut éprouver des impressions contradictoires en écoutant ceux qui parlent du transhumanisme ou en lisant ce qu'il dit de lui-même. Loin de s'en tenir au tracé d'une évolution naturelle du vivant, il la précède, la définit, la programme, sous le sceau rassurant de la scientificité. Et puisque le rationalisme a le pouvoir de rendre irrationnel ce qui se soustrait à sa juridiction, il semble de plus en plus suspect de le remettre en question.

Une des plus grandes servitudes volontaires se situe dans le fait de ne pas vouloir savoir que tout se tient. Krachs boursiers, changement climatique, guerres civiles, « choc du futur » d'Alvin Toffler et « choc des civilisations » de Hunttington... De l'exploitation de la planète à l'« optimisation » de la nature humaine, une logique opère qui doit être mise au jour. Non pas dans le but d'interdire quoi que ce soit, mais pour faire en sorte que le délire, s'il doit être choisi, le soit en toute connaissance de cause et pas au nom de ce pour quoi il veut être admis : « l'ordre des choses » et son acolyte « le bon sens ».

Alors il ne nous sera pas possible d'écrire à la suite de Niemöller :

> Lorsqu'ils ont sorti Dolly de leurs éprouvettes je n'ai rien dit, je ne suis pas un mouton.
>
> Lorsqu'ils ont fabriqué les OGM que vous avez mis dans vos assiettes je n'ai rien dit, je ne suis pas cuisinier.
>
> Lorsqu'ils ont choisi dans son ADN la forme du nez de votre enfant je n'ai rien dit, je ne suis pas vos parents.
>
> Lorsqu'ils m'ont déclaré bon pour la casse, il n'y avait plus personne qui sache ce que « s'opposer » veut dire.

SUR LES MUTANTS
DE PANURGE

1

En 1957, Julian Huxley, naturaliste émérite et frère d'Aldous Huxley, l'auteur du *Meilleur des mondes*, emploie pour la première fois le terme « transhumanisme » dans un ouvrage où il dessine les contours d'un eugénisme à visage humain, *New Bottles for New Wine*. Il y écrit ce qui pourrait constituer la profession de foi du mouvement :

> L'espèce humaine peut, si elle le souhaite, se transcender elle-même, pas seulement de manière sporadique mais dans son ensemble et pour toujours.

Le transhumanisme est un courant de pensée qui s'est constitué au début des années 1980, dans les universités californiennes pourvoyeuses en matière grise de la Silicon Valley. Il rencontre aujourd'hui un succès grandissant, tant dans les secteurs les plus en pointe de l'économie mondiale que dans les médias qui relaient sa bonne parole. Le transhumanisme prône l'usage des sciences et des techniques pour « améliorer » nos performances physiques et mentales. Rien de moins que l'avènement d'un être vivant du troisième type.

Le mouvement mise sur la convergence NBIC (nanotechnologies, biotechnologies, informatique et neurosciences) pour prolonger la vie en général et décupler les caractéristiques individuelles en particulier. Son produit d'appel est l'immortalité. Mais ses ambitions ne s'en tiennent pas à cela. Pour lui, le progrès scientifique, dont le régime de croissance suit une courbe exponentielle, va influencer la destinée humaine sur tous les plans, politique, économique, juridique, social, culturel... Les conséquences de ce postulat, sur lequel nous ne pouvons qu'être d'accord, sont placées par le transhumanisme sous le signe d'un incontestable et inévitable gain dont il assure pouvoir « optimiser » les bienfaits. C'est pourquoi il convient d'appeler un chat un chat, et le transhumanisme une doctrine.

2

Sur le site de l'AFT, l'Association française transhumaniste, les choses sont claires. On y déclare vouloir :

> – Lutter contre la souffrance, la maladie, le vieillissement, la mort.
>
> – Développer nos capacités physiques, mentales et sensorielles pour vivre plus et mieux en accédant de façon plus complète aux possibilités de nos cerveaux *(sic)*.
>
> – Contrecarrer les inégalités de la nature *(resic)*[1].

1. Sauf mention contraire, les citations sont tirées des sites : transhumanisme.org, transhumaniste.com, H+.com, technoprog.org, siliconmaniacs.org.

L'AFT, rebaptisée Technoprog depuis quelques années, se veut ouvertement « égalitariste et démocratique ». Comment ne pas approuver ? Après tout, elle espère simplement permettre à chacun de « vivre au mieux ses capacités, et plus si on le souhaite ! » Et, en effet, tout se présente chez elle sous les dehors de la plus grande liberté de choix.

> Procréer quand on veut, comme on veut. Choisir la santé artificielle plutôt que la maladie naturelle. Jouir d'un cerveau normal ou d'une intelligence augmentée.

Ici se trouve le leitmotiv principal de la doctrine en question : avoir une « vie augmentée ».

En cela l'AFT est au diapason de la WTA, l'association mondiale transhumaniste rebaptisée depuis 2008 H+, qui n'aspire qu'à « promouvoir la raison, la liberté, la tolérance, la démocratie, et à aider chaque individu à exploiter tout son potentiel ».

Les prothèses perceptives, la biologie de synthèse, les exosquelettes contrôlables par implants cérébraux, la numérisation de la mémoire, l'intelligence artificielle, les cellules-souches, les compléments chimiques visant à mieux « maîtriser » son vieillissement, ses humeurs, sa concentration, les nanorobots cérébraux, la bionique, autant de secteurs de recherche en plein essor qui vont dans le sens de la « civilisation » que le transhumanisme appelle de ses vœux et s'emploie à favoriser.

Selon lui, la vie est une question technique qui exige une réponse technique. Le millénarisme propre à toute utopie, qui invoque la fin d'un temps et l'avènement d'un autre, se double d'un scientisme intégral, intégriste. Il nous incombera de déterminer ici les caractères inédits de ce scientisme. En particulier comment s'exprime, à travers les avancées pratiques des disciplines où ce dernier opère, la vision de l'homme incluse dans le modèle de l'économie ultralibérale sous les auspices de laquelle il voit le jour au début des années 1980.

3

Le transhumanisme représente ce qu'on pourrait appeler une révolution pragmatique. Il veut substituer au destin « naturel » de l'Homo sapiens sapiens un processus artificiel, à ses adaptations aléatoires et contingentes une sélection *à la carte* dans le but d'ajuster son successeur à un monde dont les données sont d'ores et déjà arrêtées. Cela participe d'une « évolution » d'un tout nouveau genre. Non seulement on revendique d'acquérir l'inné, mais encore le *struggle for life* darwinien se transforme en un *life for struggle* au diapason de « la société de la concurrence et de la compétitivité harmonieuses » pour laquelle les transhumanistes plaident.

Ce souhait, et tous les autres, induisent que le transhumanisme a une idée précise de ce à quoi doit tendre l'aventure humaine. Voilà soudain qu'il comble les fossés jonchés de morts qui séparaient jusqu'à maintenant « je pense » et « je crois », « je crois » et « je sais ». Sûr de savoir le *comment* de la vie – le décryptage du génome a fait office d'« eurêka ! » métaphysique à la fin du XXe siècle – il a franchi le pas pour en donner le *pourquoi*, la cause et le but, l'alpha et l'oméga. Car ce qui se présente comme futuriste n'est à bien y regarder que l'accomplissement technologique d'une conception de l'homme venue de loin, venue du XVIIIe siècle, quand le protestantisme s'attela au capitalisme pour développer toute la puissance motrice de la véritable idée neuve alors en Europe, en Occident et donc dans le monde depuis, l'idée de Progrès.

4

D'extraction récente, comme le roturier s'acheta une particule de noblesse, le transhumanisme aime se prévaloir du haut lignage de Dante qui forgea dans sa *Divine Comédie* le vocable « Transumanar » désignant une transcendance spirituelle des limites de la nature humaine. Plus en amont encore il trouverait pourtant quantité de précédents avantageux.

L'énigme de l'immortalité jalonne l'histoire. De la fontaine de jouvence au Graal arthurien en passant par la pierre philosophale, les exemples ne manquent pas d'une solution magique trouvée à ce sujet.

Icare, Prométhée, Faust représentent, eux, les mythes d'un pacte conclu avec les forces divines – ou diaboliques – de la création.

Homère raconte quant à lui que le dieu Héphaïstos construisit un trépied qui se rendit seul à l'assemblée des dieux : métaphore de l'autonomie de la technique, condition même du transhumanisme.

Plus près, Collodi avec Pinocchio, Shelley avec Frankenstein ou l'Ève future de Villiers de l'Isle-Adam offrent des versions de cette même question de la création *de toutes pièces* d'une forme de vie.

Alexandre Théophile Vandermonde, en 1756, dans son essai *Sur la manière de perfectionner l'espèce humaine*, s'interroge sur la possibilité d'en améliorer la race comme on peut le faire pour les chiens et les chevaux.

La philosophie des Lumières, sous son jour le plus rationaliste, n'est pas étrangère à la foi dans le progrès du transhumanisme. Un progrès certes moins universel et moral que celui de l'Encyclopédie. Ainsi Condorcet s'interrogeait : « Serait-il absurde que l'amélioration de la race humaine soit considérée comme un progrès illimité ? »

En revanche le contresens serait complet si l'on rapprochait le Surhomme de Nietzsche de la promesse transhumaine. Cette dernière n'a pas pour objet de « transfigurer l'existence par l'intensification de l'amour de la vie », comme l'affirme le philosophe-artiste à la place de son héros. Elle tend à s'imposer à l'ensemble de l'humanité, quand le Surhomme s'en prend justement « aux vainqueurs, à tous les vainqueurs, et au besoin il attend qu'ils le soient. »

En 1904, Hugo de Vries, l'inventeur de la théorie des mutations voit dans le radium un outil pour influer sur l'évolution de la matière vivante. Il inaugura d'ailleurs à Cold Spring Harbour, une station dédiée à « la transformation et au contrôle des êtres vivants » qui ne jurerait pas dans les annales du transhumanisme.

Et il y a un peu plus d'un siècle, Marinetti, tout à sa passion futuriste, invoqua lui aussi la création d'un type non humain.

5

La ligne que trace le transhumanisme pourrait aussi passer par le positivisme d'Auguste Comte, le cosmisme de Fedorov ou les recherches sur le cerveau de Von Neumann, mais sa source véritable se situe du côté de la contre-culture californienne des années 1970, celle qui, via le mouvement hippie, donnera le New Age.

Comme son nom l'indique, le New Age est un millénarisme. Il annonce un nouveau paradigme spirituel. Il conjugue des préoccupations astrologiques, tantriques, chrétiennes, avec l'usage des drogues contemplatives, la pratique du yoga, la croyance en la réincarnation, le Love Power dont s'inspirera Shirley Mac Lane dix ans plus tard pour son best-seller *L'Amour foudre*. Il invite surtout à l'ouverture d'un champ de conscience inédit incluant les préoccupations d'ordre technologique qu'ont engendrées différentes hypothèses émises autour d'un éventuel futur de l'humanité venu de l'espace, ou s'y projetant. C'était alors la grande vogue des OVNI.

La plupart des grands concepteurs de la première génération de la Silicon Valley ont baigné dans cet état d'esprit en marge du rêve américain, voire hostile à celui-ci. Même les plus rebelles sont rentrés dans le rang avec l'énergie des convertis, ou des repentis, pour créer les petites entreprises devenues depuis les multinationales les plus prospères du monde. C'est au moment de cette conversion que le transhumanisme s'impose et efface le New Age.

Leurs points communs sont saillants parce que le second procède du premier. Ils proposent tous deux une sorte de religion prêt-à-porter sur le renouveau d'un modèle ancien. Ils promettent un âge d'or, la résolution des inégalités et des conflits planétaires selon une trajectoire qui n'est pas sans rappeler celle de la dialectique hégélienne. Le New Age comme le transhumanisme se fondent sur un livre culte : *Les Enfants du verseau* pour le premier et *Humanité 2.0* pour le second. Ils s'adressent ensemble à l'Occidental isolé, sans attache familiale ni historique, pris d'une sorte de vertige spirituel à un moment de sécularisation du monde.

Mais des différences significatives opposent les deux courants de pensée. Le New Age est une révolte contre le consumérisme alors que le transhumanisme aspire *au carré* à cet idéal de bonheur. Pour le New Age tout est énergie, conscience, unité, tandis que pour le transhumanisme le genre humain n'appartient à l'univers que de façon anecdotique et c'est pourquoi son destin est d'aller vers une indépendance toujours plus prononcée vis-à-vis des « lois de la nature ». Le New Age est ésotérique, le transhumanisme est scientiste et pragmatique. Le New Age combine des techniques de méditation et de médecine naturelle pour entretenir une extase d'ordre mystique tandis que le transhumanisme investit les neurosciences et les biotechnologies pour façonner la créature toute-puissante de demain. Le premier invite à une expérience intérieure pour communier avec le cosmos, le second prescrit une métamorphose physiologique, génétique même, pour « optimiser ses performances » dans un monde qui ressemble beaucoup au nôtre, ou à celui que préfigure la société globalisée contemporaine.

6

Le philosophe Fereidoun Espandiary écrit en 1978 la première déclaration transhumaniste :

> Nous voulons accélérer l'avancée de l'humanité jusqu'à la prochaine étape de son évolution.

Il se rebaptise FM. 2030 parce qu'il projette de vivre jusqu'à cette date. Il prévoit que naîtront alors les premières générations à ne plus mourir. Sous son influence, Nancie

Clark, rebaptisée quant à elle Natasha Vita More – la « vie en plus » – et John Spencer qui dirige la Space Tourism Society, fondent un groupuscule, au début des années 1990, à l'université de Californie, UCLA. Étudiants, artistes et scientifiques sont d'emblée attirés. Tous sont amateurs de science-fiction, tous seront les premiers usagers d'Internet – que le transhumanisme ne cessera par la suite d'investir et d'utiliser. Ils anticipent un futur dont le vecteur d'évolution est constitué par les technologies, au rythme qu'a défini la loi de Moore selon laquelle la puissance informatique double tous les deux ans.

Max More appartient à ce groupe. Il crée le mouvement « extropien », premier mouvement explicitement transhumaniste, et le dirige jusqu'en 2006. Contesté à cette époque pour sa radicalité, il cessera ses activités au profit de la WTA, plus présentable, plus académique. Les extropiens avaient pour ambition de « lutter contre l'entropie qui menace le système de la vie humaine ». Il s'agissait de poursuivre un « processus perpétuel d'auto-transformation ». La mention faite alors à son aspect économique – une approche ultralibérale de la croissance ajustée à la vie personnelle – n'est pas anodine, car il n'a fait que prendre le pas sur les autres considérations d'origine, simili-mystiques celles-là :

> Un progrès technique constant implique une croissance économique constante. Une écologie rationnelle doit viser à assurer les conditions de cette croissance permanente.

Nous y reviendrons.

D'autres courants sont apparus au moment où le transhumanisme s'est institutionnalisé. La lutte contre le vieillissement en est la thématique centrale. Les « immortalistes », les « amortalistes », les « longévitistes », les « méliorises », autant d'appellations plus ou moins contrôlées qui fédèrent les adhérents voulant « tuer la mort ».

Mais l'insistance avec laquelle le transhumanisme veut faire admettre qu'il ne peut se ranger derrière une seule et même bannière ne suffit pas à masquer la complète cohérence de toutes les applications collectives que trouve sa doctrine.

7

Il y a cinquante mille ans, on mourait en moyenne à vingt-cinq ans. Juste après la reproduction et le minimum vital d'éducation assuré pour la progéniture. Aujourd'hui l'espérance de vie mondiale est d'environ soixante-dix ans. Pour les transhumanistes, « consentir à la mort est défaitiste ». « La mort n'est pas indispensable », ajoutent-ils avec un sérieux qui vaut bien l'humour de Woody Allen. Selon eux,

> la longévité permet de réduire la violence car les gens d'expérience sont moins violents. Cela rendra donc le monde plus stable. Rien de plus

enviable que de vivre toujours pour que les moments où l'on se dit « j'aimerais que ça dure toujours » durent toujours.

Pour l'instant, la salle d'attente de l'éternité s'appelle la cryogénie. Il y fait froid.

Si « la mort de la mort » est le but ultime du transhumanisme, il exige au préalable quelques étapes intermédiaires : la maîtrise du vieillissement, puis celle du rajeunissement. Mae West elle-même considérait déjà qu'« il n'est jamais trop tard pour rajeunir ! »

Quand on lui demande son âge, la papesse transhumaniste, universitaire et bodybuildeuse, Natasha Vita More : « Ma bouche a quatre ans, mes dents vingt ans, mes seins deux, etc. » Pour Dean Karen, autre scientifique transhumaniste, « le vieillissement est un jeu atroce ; on ne peut pas gagner mais on ne peut pas ne pas participer ». Tim Maupin a réalisé un court métrage sur « la dernière génération à mourir ». Elle devrait avoir soixante-cinq ans en 2080, période à laquelle les avancées biotechnologiques auront fait sauter la barrière physiologique des cent trente ans maximum atteints par un humain.

La plupart des transhumanistes se tiennent au courant de chaque découverte concernant les recherches sur le vieillissement. Sans doute feront-ils pression – le lobby est très puissant – pour que certaines nouvelles molécules soient intégrées au plus vite dans des protocoles à cobayes humains. Peut-être celles issues de l'étude de la méduse Turritopsis Dohrnii dont le cycle de vie est un cercle se régénérant, et ce même si, sens de l'observation oblige, les transhumanistes eux-mêmes reconnaissent que « l'homme et la méduse sont deux animaux très différents ».

8

La mort serait devenue une maladie comme les autres. Dans ce domaine, comme dans tous ceux qui le caractérisent, le transhumanisme tend à modifier la raison d'être de la médecine. De thérapeutique elle est devenue logistique. De préventive elle s'est faite prédictive. De réparatrice la voilà transformatrice. Elle ne soigne plus, elle modifie. Lorsqu'elle ne corrige plus, elle améliore la performance ou le rendement de tel ou tel organe dans le but de satisfaire les désirs du patient, devenu le client d'une « prestation optimisante ». *Tunning* biologique.

La médecine s'occupait de la santé des individus, la voilà en charge de leur bonheur. Depuis quelques décennies déjà, des gestes médicaux assument en partie ce rôle psychologisant. Nombre d'opérations de chirurgie esthétique ou de traitements de diététique n'ont aucune nécessité thérapeutique. Quantité d'antidépresseurs sont absorbés en dépit de toute dépression avérée. Après l'espèce de calvinisme pharmacologique qui consista longtemps à se défier des médicaments, ces derniers sont utilisés pour améliorer la sociabilité, supporter la vie professionnelle, affronter les difficultés matérielles. Alors en consommer pour se « sentir bien » – ce qui est déjà contestable au regard du serment d'Hippocrate – est une pratique qui fait peu à peu la place à leur usage en vue d'« être mieux ».

Sur le site de l'ATF, on peut lire :

> La neuro-amélioration de personnes non malades aurait été prouvée par le comité national d'éthique. Merci au comité de reconnaître l'impossibilité d'une démarcation nette entre thérapie et augmentation *(sic)*.

Dans le même ordre d'idées, on apprend qu'« il va bientôt arriver au cerveau ce qui est arrivé à l'orchestre avec l'apparition du disque ». Il ne s'agit plus là d'une assistance technique mais d'une maintenance technologique. Si l'apparition du concept « améliorable » se confirme dans le lexique médical, il viendra coiffer « pathologique » ou « normal ». Ce dont le transhumanisme égalitariste se réjouira.

9

En 1875, Robert Green Ingersoll écrit : « Notre espoir d'immortalité ne provient d'aucune religion mais presque toutes les religions proviennent de cet espoir. » Le caractère religieux du transhumanisme se situe là. Les utopies biotechnologiques sont plus accessibles que celles de la foi. Pour l'Occidental désenchanté, il est plus simple d'envisager l'immortalité de son corps que sa résurrection. Les dieux et les prêtres retirés, la population morose des pays industrialisés attend de la science qu'elle veille à sa transcendance, au dépassement de son « humaine condition », comme disait Montaigne.

L'annexion d'un certain nombre de thématiques messianiques chrétiennes par le transhumanisme propose – *comme* Dieu créant, avec Jésus, un être à son image – de produire pour sa part une créature peut-être pas née d'une « Immaculée conception » mais conçue au terme du processus le moins naturel possible. Telle est la voie du salut pour une humanité toujours en quête d'une parousie, d'une Jérusalem céleste aux antipodes de sa réalité terrestre. Quand bien même cette « terre promise » se révélerait être une chair promise, un corps de synthèse délivré de ses désirs inflammables et de toutes les contingences de son histoire animale.

10

Le transhumanisme ne tient pas compte des échelles de temps qui ont engendré la vie humaine, de l'évolution zoologique résultant des évolutions géologiques, cosmiques, physiques... Le génome humain s'est modifié jusqu'à aujourd'hui sans que le transhumanisme ait imposé son « évolution volontaire » en le manipulant.

Il a beau jeu de comparer la disparition de l'espèce humaine « traditionnelle » *(sic)* à d'autres écocides qui ont eu lieu depuis les débuts de la vie, celle-ci n'aurait rien de naturel ou de fortuit, elle serait le résultat d'une opération concertée. Les « antispécistes », que sont aussi souvent les transhumanistes, aiment dénier au genre humain sa spécificité, sa supériorité et donc aussi sa perversion. Mais dans ce cas ils devraient prendre garde à ne pas offenser la mémoire des dodos de l'île Maurice, ou des délicates Achyranthes atollensis, qui n'auraient peut-être pas apprécié les voir se dire leurs égaux.

Bien que rien ne différencie vraiment « l'ingénierie génétique » qu'ils célèbrent et une forme d'eugénisme, ils réfutent tout rapprochement avec cette pratique. Sous prétexte que cette intervention sur le génome se ferait à titre privé, pas au nom d'une politique menée par un État, le sacro-saint facteur du libre arbitre serait respecté. Cette assertion ne tient pas compte des normes sociales que les individus intègrent, incarnent et finissent par vouloir reproduire.

Commence à poindre la notion de « gène défectueux », et la chirurgie esthétique va finir par être l'ancêtre de la chirurgie génétique. À l'horizon, l'apparition d'un Individu Génétiquement Modifié, de la famille des OGM déjà en circulation. Cet IGM, considéré comme un Lego géant, ne serait plus la personne classique, avec sa subjectivité, sa vie intérieure, le mystère de sa conscience. Et le contrôle qu'il prendrait de sa conformation, de ses états d'âme, de ses souvenirs, ne saurait se limiter à son propre réglage.

On parle déjà du « baby-building » dans le monde merveilleux de H+. D'abord pour concevoir des « bébés médicaments » à partir d'embryons compatibles avec un enfant éventuellement malade, mais aussi pour mettre au point l'enfant idéal avec l'aide de « baby designers ».

Dans le *Huffington Post* américain, on annonce que ces « bébés seront immunisés contre toutes les maladies, super-esthétiques ou même super-intelligents *(sic)* ». L'article se poursuit : « Pour l'instant le consensus n'a pas été obtenu entre les transhumanistes de l'American Society for Reproductive Medecine et le Food and Drug Administration. » Tout est dans le « pour l'instant ».

Il n'est plus question d'être l'auteur de sa vie, de participer pleinement à la singularité irréductible de sa présence au monde. L'énigme de sa propre origine est le multiple de son devenir, de tous ses possibles. Supprimer l'une, c'est supprimer les autres.

11

Le docteur Laurent Alexandre aime à se faire appeler « docteur » sur la couverture de ses ouvrages. Il est aussi entrepreneur et dirige un site Web. Il publie des livres dont la promotion dans les médias lui permet de faire la démonstration de ses talents autorisés de futurologue scientifique. Toutes ses thèses et ses interventions publiques – le docteur Laurent Alexandre participe à des colloques et anime des comités d'entreprise – sont tirées du corpus transhumaniste dont il est en France le VRP patenté. Il prend soin de les présenter en trois temps. D'abord il les assène comme des paroles d'évangile. Puis il met de son côté les sceptiques en se donnant le rôle de la conscience éthique. Enfin il conclut que l'événement dont il parle est inévitable.

> Dans un monde où l'Intelligence artificielle progresse, les parents de la classe moyenne se poseront la question suivante : ne vaut-il pas mieux que mon enfant soit plus intelligent qu'une machine ?

Vraiment ?

Toujours selon le docteur Laurent Alexandre, « la génération qui atteindra mille ans est déjà née *si* aucune crise économique ne vient limiter la croissance nécessaire aux recherches » (émission « Un soir à la tour Eiffel », France 2). Ça ne mange pas de pain.

Le docteur Alexandre publie un livre prospectif grand public intitulé *La Mort de la mort*, mais il déclare « éclater de rire devant la une du magazine américain *Wired* sur laquelle Ray Kurzweill clame "Live Forever !" ». Cohérent.

Le docteur Laurent Alexandre dit que « nous sommes entrés dans le siècle de l'eugénisme car nous avons embarqué sur un toboggan transgressif » (*Usbek & Rica*, 29 septembre 2014) et dans un hebdomadaire français (*Le Point*, septembre 2015) il confesse « être imperméable à la poésie ». Mais il y fait aussi d'autres révélations :

> Les progrès en génétique vont permettre à un médecin d'avertir des parents qu'ils s'apprêtent à concevoir un enfant prédisposé à déclarer une sclérose en plaque vers cinquante ans.

Ce qui laisse à penser que le docteur Laurent Alexandre estime dispensable la vie d'un pareil futur malade. Si cette possibilité de diagnostic super-précoce pourrait en effet empêcher des drames, il est de même possible qu'elle prive la planète de merveilles, d'ici cinquante ans. Et peut-être même du chercheur qui trouverait le remède à la sclérose en plaque.

Si un généticien avait annoncé aux parents du docteur Alexandre que leur fils prononcerait un jour pareils traits de génie, auraient-ils, eux, gardé leur futur fils ? Est-ce parce que le docteur Alexandre est urologue qu'il tient absolument à nous faire passer des vessies pour des lanternes ?

12

« Quel mal y a-t-il à vouloir être mieux que bien ? », s'interroge ingénument une transhumaniste de l'AFT. Toute doctrine est une idéologie du bonheur construite à partir du rejet de l'époque dans laquelle elle naît, mais à partir *aussi* de l'un de ses traits majeurs. Ce peut être un dieu, ce peut être une certaine conception de l'amour. En ce qui concerne le transhumanisme, c'est le progrès technique qui est le garant de toutes les autres « avancées » personnelles ou sociales.

« Ne limitez pas vos défis, défiez vos limites », tel est le slogan de H+ aujourd'hui. C'est toute la morale du mouvement. Pour la conforter, le discours de la technique offre le meilleur des adjuvants. Puisque l'innovation est sa règle, elle doit se dépasser chaque jour. Cela donne lieu à toutes sortes de spéculations très riches artistiquement – la science-fiction est le genre historiquement pertinent à ce titre – mais criminelles dès lors qu'elles se figent dans une proposition politique.

Bernanos avait lancé l'alerte : « La barbarie n'est jamais plus menaçante que lorsqu'elle fait semblant de construire. »

Trois chantres parmi les plus fameux du transhumanisme ne font pas mystère de leurs ambitions. Nick Böstrom veut « réaliser la perfection de l'espèce humaine ». Max More « éliminer l'entropie qui la voue à l'extinction ». Quant à Ray Kurzweil, il aspire à « permettre l'émergence d'une intelligence artificielle suprême, la singularité, très supérieure à tout ce dont est capable l'intellect humain ».

Il ne faudrait cependant pas se tromper. À espérances trompeuses, craintes trompeuses. La société totalitaire future que laissent entrevoir ces incantations est moins à redouter que la modification de la conception que nous nous faisons maintenant de ce que peut être une vie humaine. La doctrine transhumaniste attente à l'idée que chacun se fait de lui-même aujourd'hui avec l'idée de ce qu'il deviendra demain. En prétendant par exemple humaniser les machines, c'est bien à la mécanisation de l'humain qu'on s'attache au quotidien. Et dans quel but sinon celui d'une adaptation optimale à une existence de plus en plus machinale ? Pavese écrivait déjà au siècle dernier dans *La Trilogie des machines* :

> Désormais il ne se sentait plus qu'une intelligence mécanique condamnée à commander une puissance encore plus aveugle.

13

Prudents, les transhumanistes ne revendiquent pas la pratique de l'eugénisme en tant que telle. La maîtrise, l'exploitation et la gestion du génome humain leur apparaissent pourtant, à eux et à tous ceux qui en relaient les thèses, comme une simple question de temps. Et pourquoi pas ? Puisque le « progrès » est la valeur absolue de leur doctrine et qu'il est ce à quoi sacrifie l'époque.

Plus encore qu'une évolution ou qu'une révolution, le progrès est entendu comme une transgression systématique des interdits que l'humain a pu rencontrer, ou se poser à lui-même, au cours de son histoire. C'est en s'affranchissant des lois de la nature qui limitaient sa prise de pouvoir sur la planète que l'humanité se serait différenciée des autres espèces animales. Selon cette logique, la nature humaine serait d'être contre-nature. Avec l'inversion des valeurs que diagnostiqua Nietzsche à l'heure de la « mort de Dieu », franchir la limite d'un tabou, moral, social, juridique, médical doit non seulement être un droit mais un devoir pour le « dernier homme » démocratique qui se voit ainsi accéder à l'ordre des Titans.

De ce point de vue, l'être humain n'est pas la terre dont il vit, pas le corps qu'il anime, pas l'histoire qui l'a enfanté, il est leur pure transformation. Délogé de toute essence, il ne saurait se figer dans une seule identité.

Même si l'on ne connaît pas l'emploi exact de nos trouvailles, et que l'adage stoïcien qui invite à faire le tri entre ce qui dépend de nous et le reste est maintenant obsolète, les technologies semblent les parfaits auxiliaires pour repousser ou abolir les bornes de la finitude humaine. Dès lors, « pourquoi ne pas avoir le corps d'un homme de quarante ans à soixante ans ? Ou celui d'une femme de trente ? Pourquoi ne pas changer de sexe ou de couleur plusieurs fois par vie ? » Rien ne doit plus nous assigner à existence. Les

« progrès » des mœurs pourraient bien à ce titre se révéler de simples ajustements rétroactifs aux nouvelles possibilités – les transhumanistes les appellent de « nouvelles libertés » – offertes par la technique.

Martine Rosenblatt, par exemple, est la femme chef d'entreprise la mieux payée des États-Unis. « Présidente d'une firme de biomécanique, transsexuelle, transhumaniste, elle a *eu* un enfant avec sa femme avant de faire fabriquer son clone. » Celui-ci est aujourd'hui le premier candidat transhumaniste au Congrès. Martine Rosenblatt est sûre que « dans vingt-cinq ans tout le monde sera transhumain et que dans cinquante ans plus personne ne sera humain ».

14

Très influencée par le *Cyborg manifesto* de Donna Haraway paru dans les années 1990, Natasha Vita More est aussi très confiante :

> Dans les cinq prochaines années, la population sera mieux informée à propos des apports des biotechnologies et cela la rendra plus autonome pour choisir ou refuser d'en bénéficier.

À celui qui s'inquiéterait de voir, comme elle le prédit, son « cerveau téléchargé sur une clé USB », elle se veut rassurante :

> Le disque dur sera connecté à un environnement virtuel ou à un corps artificiel tout aussi riche que l'original, voire plus *(sic)*. Disque dur marié à une prothèse, l'émulé *(re-sic)* n'aura pas du tout l'impression de perdre son corps.

Et de perdre la tête ?

À l'échelle nanométrique, il est vrai qu'il n'y a plus de différence entre inerte et vivant. La frontière entre sujet et objet s'estompe. Et si, par exemple, la perspective de concevoir des plantes fluorescentes pour éclairer son domicile a du charme, nous n'entendons jamais énoncer l'éventualité de voir Mère Nature ne pas demander d'autorisation aux comités d'éthique mondiaux pour éditer un virus mutant et innover à son tour à partir de nos bricolages en inventant une nouvelle forme de vie qui tue la nôtre.

La technique en tant que processus historique fabrique ; puis elle élabore des acceptions du monde en fonction de ce qu'elle a fabriqué. En cela elle conditionne largement les opinions et les morales. L'époque du transhumanisme est celle de nouvelles chimères, des rêves devenus réalité, peut-être au prix d'un cauchemar. Avoir la transgression pour loi, vivre ce paradoxe comme une norme, c'est évidemment en finir avec les hiérarchies fondatrices, avec les traditions, c'est dépasser le débat « classiques contre modernes », remplacer l'axe des transmissions par celui de la communication. Mais c'est surtout court-circuiter l'inné par l'arraisonnement des filiations naturelles, et en réalité atteindre l'horizon de l'uniformisation générale.

N'y a-t-il d'alternative possible qu'entre fuite en avant et régression ? L'aventure humaine a conjugué audace et prudence, improvisation et prévoyance, folie et sagesse. À l'échelle zoologique, cela s'appelle l'adaptation. À l'échelle de la technique, il ne s'agit plus que de programmation. Le contexte ne commande plus le choix qui se présente à l'Homme. C'est lui qui le domine et le conditionne : « anthropocène ». La créature créatrice risque alors de se mordre la queue, de tourner en rond dans un cercle vicieux. Lâchera-t-elle, comme jamais, la proie de son Histoire pour l'ombre du Progrès ?

15

Le « progrès », valeur suprême de la modernité occidentale, crée ses propres catégories péjoratives. Ceux qui s'opposent, critiquent ou même ironisent au sujet de ce dont il est le vecteur sont taxés de réactionnaires, de rétrogrades, de conservateurs. Pas de renégats, de réfractaires ou de dissidents.

Lorsque les transhumanistes, qui se veulent les têtes chercheuses du vaisseau Progrès, évoquent leurs contradicteurs, ils leur donnent du « technophobes », du « bioconservateurs », du « bioluddites » – les « luddites » s'employèrent au XIXe siècle à détruire les machines coûteuses en main-d'œuvre et imposant un rythme de travail déréalisant.

La foi inconditionnelle que les transhumanistes vouent aux biotechnologies inclinerait en retour à les appeler des « technolâtres ». Steven Pinker, qui poursuit des recherches sur les embryons à Harvard, a bien l'intention de mettre au point des méthodes reléguant « la procréation naturelle au rang de loterie injuste et mal dotée ». Il insiste :

> Nous partons de truismes. Nous pensons que la vie est préférable à la mort, la santé à

la maladie, la jeunesse à la vieillesse, le bonheur à la souffrance. Mais de tristes sires invoquent l'immaturité qu'il y aurait à vouloir vivre toujours ou bien fétichisent des clichés du genre « dignité », « intégrité », « équité », « justice ». Ce faisant, ils consentent à l'extension de la mort et de la vieillesse.

CQFD. Ce qui ne va pas « de l'avant » recule. Ce qui n'appuie pas « la vie augmentée » est criminel.

On voit ainsi fleurir dans la « littérature » transhumaniste de nouveaux noms d'oiseaux. Les « mortalistes » sont par exemple les arriérés qui ne rêvent pas spécialement d'immortalité. Les « anthropocentristes spécistes » ne sont pas déterminés à doter « les espèces animales les plus avancées – chimpanzés, dauphins, baleines – des mêmes traitements biotechnologiques que les humains ». Pour finir de discréditer toute critique de leur doctrine, les transhumanistes et leurs relais médiatiques, prêtent à leurs adversaires « les plus sérieux » des « hantises » caricaturales. Ces derniers craindraient que « les transhumains prennent les humains pour des dinosaures malfaisants ». En conséquence, « le principe de responsabilité » qu'a défini Hans Jonas, ou toute autre forme de scrupule éthique, sont réputés des « préjugés ». Au moment du déluge, ils auraient sans doute accusé Noé d'être « aquaphobe ».

Pour les transhumanistes, « la dignité humaine consiste d'abord à éviter la souffrance, l'humiliation, la vieillesse et la mort ». Mais on peut rétorquer que la grandeur humaine est d'affronter ces épreuves *et de les traverser*. L'aveu tacite contenu dans l'aspiration à quitter toutes les formes de notre animalité originelle pour rejoindre un état divin – ou plutôt un état angélique, car ce sont les anges qui n'ont ni âge, ni sexe, ni race, ni classe, mais tous les pouvoirs –, cet aveu révèle paradoxalement le désir d'être *achevé* et non en perpétuel devenir.

16

Bien que le transhumanisme soit implanté dans de nombreuses universités, draine des investissements de plus en plus importants, rencontre un écho grandissant dans les médias et imprègne les mentalités sans que son discours suscite d'autre prévention que celle des habituelles pincettes des précautions éthiques d'usage, la partie ne lui semble pas pour autant gagnée. Pour quelle raison sinon jure-t-elle sans cesse qu'elle n'a que de bonnes intentions ? Les transhumanistes seraient-ils les mieux placés pour savoir ce qu'il en est au juste de leur doctrine ? Se sentiraient-ils avisés de l'enrober d'un programme politique toujours plus lénifiant ?

Ils tiennent à se montrer responsables quant aux effets concrets des recherches technologiques appliquées à l'humain. Elles concernent, c'est vrai, les régimes de santé, de sécurité sociale, les systèmes bancaires, hospitalier, éducatif, etc.

Pour esquiver toutes les accusations d'un nouveau séparatisme entre humanité « augmentée » et humanité, disons, archaïque, James Hugues, « transhumaniste démocrate » autoproclamé et théoricien du volet politique du mouvement, aspire à une alliance d'un nouveau type. Laissés pour compte et minorités de toutes sortes devraient rejoindre dans leur combat les privilégiés qui auront les moyens de s'offrir quelques « améliorations physio-génétiques ». « Les organisations de défense des chômeurs, des retraités, des militants de l'autodétermination sexuelle, ceux des droits aux substances psycho-actives et ceux des droits aux nouvelles libertés numériques » sont visées par le programme de Hugues qui entend lever les soupçons de ségrégation financière.

Pour Hugues, toute politique est une biopolitique qui transcende – elle aussi – les clivages habituels. En effet, un glissement sémantique a eu lieu. Au XXe siècle, ce qu'on appelle encore la gauche était favorable à la technique, *pour* l'avenir du genre humain. La droite, plus conservatrice et religieuse, s'en défiait. Aujourd'hui, c'est la gauche « humaniste » qui émet les critiques les plus virulentes contre « le bluff technique » qu'a génialement décrypté Jacques Ellul, alors que la droite ultralibérale y voit la manifestation d'un individualisme décomplexé.

17

Ne plus être humain est-ce un droit de l'homme ? C'est la question à laquelle le transhumanisme nous invite à répondre. Pour qu'il y ait « droit de l'homme », il faut qu'il y ait une humanité commune, un accord universel sur ce qui en fonde et en définit l'universalité. Le transhumanisme, en revendiquant la liberté pour chacun de modifier les points qu'il a en commun avec la totalité de ses congénères, franchit un pas qu'il appelle un droit. « Les droits de l'homme ne doivent pas enfreindre les droits de l'espèce qui va lui succéder », peut-on lire dans un article de transhumanisme.org. Le transhumanisme qui innove en toute chose ne pouvait pas ne pas inventer les droits et la personne légale – ici « l'espèce » à venir – qui lui permettraient d'abolir les lois sans imagination de la communauté internationale.

Dostoïevski, dans *Les Possédés*, illustre l'enjeu nihiliste de son temps : « Si Dieu n'existe pas, tout est permis. » Les transhumanistes ajoutent un codicille contemporain : « Si l'Homme n'est rien en particulier, il peut être tout en général. »

18

L'idéal internationaliste du communisme, c'est le capitalisme qui l'a accompli avec la globalisation. Et l'ultralibéralisme en est la forme la plus radicale. Le transhumanisme a beau se situer de lui-même au-dessus des clivages politiques classiques, il ne pouvait voir le jour à un autre moment de l'histoire qu'à celui où l'Occident mondialisé imprime ses valeurs et son fonctionnement à l'ensemble de la planète. Il en est la dernière production idéologique en date. Une idéologie intégriste puisqu'elle prône de littéralement l'*incarner*, d'appliquer son schème jusqu'au corps même, et dans le corps, au cœur de ce qui le configure : les gènes, les neurones.

Nous avons vu ce que le transhumanisme a dû à ses débuts aux libertariens, tel Max More, qui en appellent à une société si libérale qu'elle se passerait d'État. Mais si le transhumanisme touche un large public au-delà de ses fondateurs, de ses dirigeants ou de ses membres, c'est que les individus intègrent peu à peu les normes de la société où ils vivent, au point de désirer les reproduire.

Michel Foucault écrit :

> L'Homo economicus est un entrepreneur pour lui-même, il est à lui-même son propre

capital, son propre producteur, son propre consommateur, sa propre source de revenu.

En ce sens le transhumain « modifié », « augmenté », serait le *self-made-man* absolu. Sa morale est de placer au plus haut le succès dans la survie. Rien de mieux en l'occurrence que l'immortalité. La « vie augmentée » est une nouvelle expression de la sacro-sainte *croissance* sur laquelle la santé de l'économie mondiale repose. L'« optimisation » accroît la compétitivité et la rentabilité de l'individu. L'intelligence et la procréation artificielles sont des secteurs florissants qui prouvent le pragmatisme des transhumanistes. L'individualisme, qui caractérise leur aspiration à l'auto-transcendance, n'est pas sans rapport avec le protestantisme qui a innervé le capitalisme originel du XVIIIe siècle européen : plus d'intermédiaire entre l'humain et le divin et réalisation personnelle comme marque de sa foi. Cette démarche étant elle aussi, comme toutes celles que valorise l'ultralibéralisme, entièrement orientée vers une idée du bonheur personnel qui conjugue l'accès à la consommation, au confort et aux loisirs. Toute chose qui participe de l'événement mondial à quoi donne lieu l'hégémonie de la société industrielle : l'uniformisation de la planète. H+ se prononce sur le sujet :

> Si nous sommes capables de rendre tout le monde en bonne santé, fort, intelligent et séduisant, alors l'uniformisation n'a pas que des inconvénients.

19

Luc Ferry est l'un des porte-voix de poids du transhumanisme en France. Philosophe, ancien ministre, chroniqueur et conférencier de croisière, il fut longtemps le passe-plat des livres du docteur Laurent Alexandre, le félicitant d'apporter « les faits et les documents » (*sic*) qui prouvent que « l'Homme finira inévitablement par s'arroger le pouvoir de dominer l'horloge biologique ». Lui aussi valide et donc promeut cette doctrine en déclarant ses conséquences inévitables, mais il se donne pour ce faire le rôle avantageux du Tartuffe qui invite à prendre des précautions éthiques quant à ses causes. Récemment, il s'est fendu d'un ouvrage – *La Révolution transhumaniste et l'ubérisation du monde* – qui éclaire son approche du phénomène. Associer le transhumanisme et la privatisation générale du monde est pertinent. Le philosophe, ancien ministre, chroniqueur et conférencier de plaisance, pointe la logique du mouvement qui gagne la planète depuis près de quarante ans. Aussi divers que semblent être les « libéralisations » de toutes sortes, elles procèdent toutes d'un essor technique tel que l'économie de marché la favorise. Précurseur sur ce point, Francis Fukuyama, le chantre de la « fin de l'Histoire » était le mieux placé pour souligner ce lien intrinsèque. Il alerta le premier, dans son livre *La Fin de l'Homme*, sur les éventuels dangers biologiques inhérents aux excès du capitalisme, lui qui l'a vu l'emporter sur toute la ligne géostratégique lors de la chute du mur de Berlin. Et en effet le monde subit de la loi du marché ce que rien d'autre n'a jamais subi du plus tyrannique des pervers. Luc Ferry, philosophe, ancien ministre, chroniqueur et conférencier flottant, fait mine lui aussi de s'inquiéter de la « dérégulation » qu'auraient en commun l'économie collaborative sur Internet, l'« ubérisation » et l'indexation des corps à la bourse des valeurs des sociétés dites développées. On aura remarqué au passage qu'on ne l'a jamais lu s'indignant des dérégulations de l'économie mondiale antérieures, auxquelles il a même participé en tant que membre d'un gouvernement pas précisément opposé à la concentration du capital... Et tout le contraire d'une dérégulation c'est, en réalité, à une véritable néo-régulation à laquelle on assiste depuis des dizaines d'années, validées par toutes les instances internationales, une régulation comme une autre sinon qu'elle est aujourd'hui entièrement favorable à ceux qui prétendaient tolérer la précédente quand celle-ci n'était qu'à moitié en leur faveur.

Jacques Attali et Michel Serres sont deux autres des *grandes têtes molles* qui chantent les louanges de la vie « augmentée ». Le premier prévient quand même qu'il faudra « sanctuariser certains domaines de la vie » (émission « Les grandes questions », France 5). Sanctuariser des gènes ? Un peu comme les Apaches que l'on case dans une réserve pour plaire à l'Unesco, ou les morceaux d'Amazonie laissés intacts pour le bilan carbone du Brésil ? Le second chante avec démagogie une berceuse à « Petite Poucette ». La fillette maintenant célèbre baigne dans son liquide amniotique de synthèse pour le plus grand plaisir des charlatans du futur. Peut-être est-ce pour l'empêcher de se réveiller avant qu'arrive le personnage central du conte dont Michel Serres s'inspire sans jamais l'évoquer : l'ogre...

Jean Rostand nous avait avertis :

On libérera l'énergie de l'atome, on guérira de la tuberculose et du cancer, on voyagera dans les astres, on prolongera la vie, mais on ne trouvera pas le moyen de se faire gouverner par les moins indignes.

20

D'autres déclarations transhumanistes relient le mouvement à la sphère ultralibérale. Elles ne manquent pas. « Il ne s'agit pas seulement d'accélérer le progrès économique mais d'acquérir la capacité d'orienter son évolution », assure Nick Boström, cofondateur de H+, directeur de l'institut du futur de l'humanité d'Oxford. Il sous-entend ainsi que les opposants au transhumanisme, en plus de freiner l'humanité dans son évolution, compromettent la santé économique mondiale.

Rien de ce qui concerne les technosciences n'est exempt du souci de rentabilité. Si la science se revendique neutre, les politiques de recherche s'inscrivent dans un monde marqué par la surenchère du montant des brevets et la création de *start-up* financées par des États ou des universités qui ne sont pas que des philanthropes. La compétition entre laboratoires est rude pour obtenir les budgets de fonctionnement. Les États-Unis sont leaders en la matière et des questions géopolitiques pointent derrière cette concurrence économique. Par exemple, on assiste à un transfert de compétence des médecins vers des « algorithmes de diagnostic ». Tous les concepteurs de ces logiciels sont américains. Y aura-t-il un Européen à pouvoir se tailler une part de ce marché ?

La position cruciale des grands managers du *soft* et du *hard ware* n'est plus à démontrer depuis que le G7 invita pour la première fois, en 1995, Bill Gates, président de Microsoft, à participer aux discussions des sept chefs d'État des pays les plus puissants du monde. Aujourd'hui Elon Musk (fondateur de Tesla), Sam Altman (président de

Y Combinator, un conglomérat de *start-up* à succès), Peter Thal (fondateur de Paypal) vont rassembler un milliard de dollars afin de financer le groupe de recherche *à but non lucratif* OpenAl. Op. Ils veulent développer des projets « autour de l'IA avec un impact positif pour l'humain » *(sic)*.

Mark Zuckerberg, le fondateur de Facebook, à l'occasion de la naissance de sa fille, a décidé de consacrer l'essentiel de sa fortune (soit 43 milliards de dollars en ce moment) pour créer, avec son épouse, une entreprise *à but non lucratif* afin de lutter contre « les maladies qui subsistent aujourd'hui ». Dans une lettre à sa fille qu'il a publiée sur son site nous pouvons lire :

> Aujourd'hui nous passons environ cinquante fois plus de temps à soigner les gens que nous n'investissons dans la recherche pour que vous ne soyez plus malade. Notre génération peut-elle guérir des maladies afin que tu vives beaucoup plus longtemps et en meilleure santé ?

Un vrai projet transhumaniste.

21

L'indice emblématique de la synergie financière et scientifique du transhumanisme se trouve dans la politique d'investissements de Google ces trois dernières années. Quatre projets ont été lancés :

– Google genomics : site permettant l'analyse en ligne de données génétiques et le partage de ces données. Le génome de dix-sept « supercentenaires » de cent dix ans et plus a par exemple été séquencé.

– Baseline study : séquençage total de l'ADN du plus grand nombre de personnes possible pour pouvoir déterminer ce qui serait le génome d'un humain en parfaite santé. Et donc ce qui peut être perfectionné dans celui de tous les autres.

– 23andMe : entreprise de séquençage informatique.

– Google Calico : entreprise qui a pour but de s'attaquer au vieillissement. Google reste discret au sujet de ce projet. Soixante-dix personnes y travaillent, dirigées par Cynthia Kenyon. Elle est biogérontologue et a « réussi à multiplier par sept la durée de vie de nématodes, des vers de laboratoires ».

L'ensemble de ces investissements se chiffre en centaines de millions de dollars. Mais le plus significatif est sans doute pour Google d'avoir engagé Ray Kurzweil, le directeur de la Singularity University (que la multinationale finançait déjà avec la Nasa).

Né en 1948, Kurzweil est ce qu'on peut appeler LA sommité du transhumanisme. À l'origine ingénieur spécialiste de la théorie de l'information, concepteur de synthétiseur, chercheur au MIT, son parcours fait un peu songer à celui de Ron Hubbard, auteur de S.F. devenu théoricien de la « Dianétique » et gourou fondateur de la scientologie. Son livre majeur *Humanité 2.0* continue d'influencer tous ceux qui entrent dans l'obédience du transhumanisme, ou bien qui publient des livres imprégnés de sa doctrine. Il est devenu un futurologue qui murmure à l'oreille des puissants. Fort du succès de sa théorie de la « singularité » – l'émergence d'ici à trente ans d'une intelligence artificielle supérieure à celle des humains car capable de conscience –, il donne des conférences, signe des best-sellers, fait du lobbying et dirige donc le département ingénierie de Google. Tout cela avec une bonhomie bien rodée. Et pas mal d'aplomb :

> Dès 2035 nous pourrons brancher sur nos neurones des nanorobots qui en assureront la maintenance. Dans environ vingt-cinq ans, Google fournira des réponses à vos questions avant même que vous ne vous les posiez.

To be or not to be ? Peut-être.

22

Zlotan Istvan s'est présenté quant à lui à la course de 2016 à la Maison Blanche. Itsvan a étudié l'histoire des religions à l'université de

Colombia. Mais il a aussi inventé le surf sur volcan, « un business à succès » comme il est écrit sur son site – ce qui en dit long sur son genre de sensations fortes et d'idées lumineuses. Il a quarante-deux ans, il est marié et a deux enfants. Sa campagne est l'occasion de diffuser un peu plus les idées du mouvement. Il voudrait rencontrer Hillary Clinton. Pour l'instant, elle n'a pas donné suite. Selon lui, Al Gore a été un sympathisant actif de leurs thèses lorsqu'il était vice-président. Son programme met l'accent sur les recherches et l'industrie techno-scientifiques. « Elles doivent surmonter – *overcome* – la vieillesse et protéger l'Humain des périls qui le menacent ou qu'il cause. » En résumé, il lui paraît urgent de faire la guerre à notre mort plutôt qu'à la vie des autres. Il espère rallier le vote des écologistes, enfin, de la frange des écologistes qui « comptent plus sur le progrès que sur un retour à l'Âge de pierre ». À bien écouter les interviews qu'il donne sur les chaînes câblées américaines, il ne s'agit pas de restituer son atmosphère normale au monde, mais à rendre viable l'anormale. Outre les écologistes, il défend un « pansexualisme transgenre » de bon aloi pour convaincre les lobbys LGBT de le soutenir. Une déclaration comme : « un utérus est-il utile quand on dispose d'une exo-matrice ? Ou est-ce juste le moyen d'avoir un cancer supplémentaire ? », a sans doute de quoi parler aux femmes du pays.

Pour lui, les biotechnologies ont une portée d'ordre métaphysique. Il propose de « supprimer le racisme et le sexisme en supprimant les sexes et les races ». Cet emploi moral de l'ingénierie génétique, cette façon d'aller régler à la racine toutes les injustices et les conflits que les différences entre les êtres provoquent part d'un bon sentiment. La solution initiale pour éviter la solution finale.

23

Au diapason d'une époque où la performance est validée plus qu'aucun autre mérite, le transhumanisme s'emploie à « perfectionner » l'Homme et la Femme afin qu'ils soient « toujours mieux », « toujours plus ». Renvoyer constamment la référence constante à une perfection que les biotechnologies pourraient rendre accessible reflète bien le besoin qu'éprouve en permanence l'humanité de se référer à un idéal. Mais les exemples sont nombreux, dans l'art, dans l'Histoire, des *triomphes* qu'ont remportés nos tentatives de faire correspondre la réalité à un idéal...

Pour s'en tenir à l'individu, il y a une marge de gravité entre l'acéphalie de l'embryon et un bec-de-lièvre, entre une malformation pulmonaire et un problème de petite taille. Qu'elle soit physique ou existentielle, l'imperfection est une question de goût, d'époque, de contexte social, qui ne peut se définir une fois pour toutes. Pour éviter le pire, le transhumanisme aspire à la perfection. Reste à savoir si la perfection vaut mieux. Les catastrophes sont toujours *parfaites*, les chefs-d'œuvre jamais.

Le hasard est en voie de disparition. Or il est, aussi, la condition de la chance. Le vivant s'adapte de façon aléatoire, ce qui lui permet de tenir grand ouvert – et dangereusement, c'est vrai – l'éventail des possibles. Dans cet espace résident sa force, le mystère de son destin, sa grandeur, son génie parfois. La perfection supprime l'infini de ces possibles en atteignant un impossible définitif. Quelque chose de mort règne alors. Une mort sophistiquée qu'on appelle aussi le quotidien du monde technique. À l'échelle d'une société, les colonies d'insectes en offrent l'esquisse la plus fascinante.

Dans l'esprit transhumaniste, la perfection fusionne performance et utilité. Cette surestimation de l'utilité est extrêmement réductrice, car l'action n'est plus évaluée en fonction d'une vertu personnelle mais en vue d'un gain. On pourrait rétorquer que c'est avant tout ce qui ne ressortit pas de cette utilité qui caractérise l'aventure humaine et la différencie des autres espèces du vivant. « Tout le monde connaît l'utilité de l'utile. Peu connaissent l'utilité de l'inutile », pense Tchouang Tseu.

L'« homme augmenté » est un peu envisagé sur le modèle d'un super-héros Marvel débarrassé de tout état d'âme humain. C'est le travers de l'époque de confondre quantité et qualité. Les transhumanistes prétendent que la mutation qu'ils prônent est la poursuite par d'autres moyens de l'évolution naturelle du genre humain comme le résultat de l'addition permanente qu'elle représente au fil des millénaires. Ils prennent l'exemple de la succession mécanique qui pourrait, disons, faire passer du silex au couteau puis du couteau au laser. Mais c'est une interprétation fallacieuse. De l'outil à l'organe, il n'y a pas qu'une sophistication.

24

Toute doctrine manie la rhétorique de l'inéluctable. Quand on pose a priori l'état final d'un processus que l'on décrète déjà entamé, les réglages censés permettre de se conformer à ce résultat anticipé le produisent en réalité.

Tous les « progrès des technosciences » sont en quelque sorte enrôlés pour la cause, au prétexte qu'ils participeraient de la vision que celle-ci articule. Ces « avancées » sont identifiées à un *potentiel* dont l'avantage principal est d'être on ne peut plus flou. Rien ne peut démentir celui qui lui attribue tel ou tel domaine. Et en effet, ce domaine peut correspondre à un territoire peuplé de transhumains. Se demander si l'humain serait un sous-homme à leurs yeux est vain : « l'augmentation est démocratiquement ouverte à tous ceux qui veulent en bénéficier » (Natasha Vita More). Inéluctable aussi, la création d'une machine plus intelligente que l'homme. Rien à dire sur cette machine qui, en toute logique, doit pouvoir à son tour en créer d'autres plus intelligentes qu'elle.

Cette rhétorique de l'inéluctable s'appuie sur trois arguments :

◇ La proposition transhumaniste est de celles qui ne se refusent pas. Qui refuserait d'augmenter et d'optimiser ses capacités physiques, mentales, sa vie et celle de ses enfants ? Il entre dans les mentalités que le présent est rudimentaire en regard du futur. Alphonse Allais pensait déjà qu'« il est normal que l'Homme soit si imparfait quand on pense à l'époque où il a été conçu ».

◇ La mutation technoscientifique se situe dans la droite ligne de l'évolution. La vie a toujours changé de forme. Il n'y a pas plus à s'inquiéter aujourd'hui qu'il y a à regretter le passage de l'hominidé à la station debout. Le fait que cette évolution-là soit soumise à une volonté qui l'oriente tout entière *dans le bon sens* semblerait n'être qu'un détail dans l'histoire du vivant.

◇ La prophétie transhumaniste va se réaliser puisqu'elle a déjà commencé. En trente ans, la trisomie 21 a presque été éradiquée. « L'affinement des examens induit l'affinement de la sélection en cours. Aujourd'hui la couleur des yeux, demain le QI, après-demain... » C'est donc *comme si c'était fait*.

En 2009, le Parlement européen qui ne sait que déléguer quand il s'agit de réfléchir, a chargé une commission de décider ce qu'il faut faire des thèses transhumanistes. Dans ses conclusions, le rapport a évincé du débat la notion de « nature humaine » pour lui substituer celle, moins polémique, plus ouverte, « d'état humain ». Cet « état » étant depuis longtemps déterminé par les intérêts de consortiums financiers, bien introduits dans la commission et pas précisément ennemis du transhumanisme. Le rapport, bien sûr, appelle à prendre garde aux « dérives éventuelles ». « Gare aux dérives ! », perroquette l'iceberg sur la route du Titanic.

25

La doctrine transhumaniste n'invalide pas les intuitions qui la rendent possible. On assiste, en effet, à la symbiose du vivant et de la technique depuis que l'on a acquis la maîtrise de l'atome et du gène au début du XXe siècle. Succédant aux Temps modernes, cette ère de la mutation a même pu être appelée Technosmose dans certains livres. Le phénomène de civilisation manifeste inhérent à ce moment est celui d'une uniformisation inédite à l'échelle mondiale. Ce qui ne va pas sans quelques effets réactifs violents.

On peut aussi accorder aux transhumanistes que le genre humain n'a pas forcément atteint sa forme définitive avec Sapiens sapiens. Et dans cette optique, la technologie est un vecteur dont l'exponentielle montée en puissance depuis la fin du XIXe siècle révèle un pouvoir qu'en d'autres temps on eut dit magique. L'automatisation numérisée intégrale qui en résulte n'est pas seulement contraignante à l'échelle de l'individu, elle est aussi structurante au niveau de l'espèce. En conséquence, il est logique que l'évolution technique du monde se poursuive, car s'il est simple de freiner un mouvement, il est impossible de démonter l'architecture du geste dont il procède. A-t-il jamais été question pour l'Homme de renoncer à l'emploi de son pouce ?

Ce que l'on pense, puis fait, de ces données anthropologiques contemporaines de base, voilà ce qui oppose les transhumanistes et d'autres esprits, plus soucieux de « vraie vie », plus soucieux de poésie, plus soucieux de liberté et de cette expérience de l'infini dont elle est la condition.

26

Outre la conception de l'existence que prônent les transhumanistes – et à laquelle il est toujours possible d'adhérer en masse semblet-il –, d'autres aspects de leur doctrine, plus concrets, posent problème. Au sujet de l'immortalité, au sujet des manipulations génétiques, au sujet de l'intelligence artificielle – les trois piliers de leur dogme –, leurs hypothèses sont ineptes sur le plan scientifique. Certes, selon la devise de notre modernité publicitaire, « plus c'est gros plus ça passe », mais il convient peut-être de préciser les choses pour ceux qui ne voudraient pas être entièrement dupes. Sous couvert de scientificité, le discours transhumaniste s'avère être un attrape-gogo, ou même – vu le public cible – un attrape-bobo de première catégorie.

À propos de l'immortalité, les transhumanistes doivent beaucoup à Père Ubu : un éminent spécialiste des cellules-souches nous apprend par exemple qu'« une cellule centenaire peut être rajeunie d'un siècle ». Voire plus, peut-être... Plus sérieusement, ils tiennent à ignorer quelques détails de taille. Ils annoncent la disparition sous peu des maladies actuelles mais cette guérison miracle ne soigne en rien les maladies nouvelles. Au contraire, sont tentés d'ajouter les immunologistes. De plus, la mort fait partie intégrante de l'« économie » du vivant. Aux échelles macro- et microscopique. Par exemple, c'est grâce à la mort de certaines cellules que les doigts peuvent se séparer et former une main pendant la morphogenèse. C'est grâce à la disparition de certains membres d'une collectivité quelle qu'elle soit que les autres prolifèrent, se définissent, se renforcent. Attenter à cette tragique justice, c'est réduire le cycle à un point fixe. La puissance que ce dernier irradie a de quoi fasciner. Mais elle est d'ordre mortifère, semblable au trou noir qui dévore jusqu'à sa gueule.

À propos de la panacée génétique, les transhumanistes placent le gène en position de pierre de touche. Ils l'ont littéralement fétichisé. Ils identifient l'élément à sa fonction de codage, quand celle-ci exige pour s'exprimer de s'inscrire dans le système global de l'organisme. Le gène est perçu comme l'élément mécanique décisif d'un engrenage. Alors qu'il est un jeu des possibles, partenaire à son tour d'autres jeux et d'autres possibles. Certes le génotype est le caractère d'une entité vivante telle qu'elle est définie par ses seuls gènes, mais c'est seulement l'actualisation du génotype qui donne lieu au phénotype, à l'individu concret. Et ce dernier dépend *aussi* de l'histoire développementale de l'individu. Autant dire des milliards d'événements impondérables. Les transhumanistes confondent génotype et phénotype en un même facteur de croissance univoque. Interprétation plus qu'abusive. De plus, en déniant la teneur historique des maladies qu'ils prétendent éradiquer en isolant son gène, les transhumanistes sont voués à l'échec. Le gène qui « favorise » l'obésité ne la favorisait pas au XVIIe siècle. Une époque *somatise* aussi à travers ceux qui la font.

À propos de l'intelligence artificielle, ils s'exposent au même genre de démenti qu'au sujet des gènes. Ils confondent le cerveau et l'esprit comme ils diraient que la palette est le tableau. La théorie de l'information a causé de considérables dégâts dans l'idée que l'on se fait désormais de la pensée. La comparaison avec l'ordinateur est devenue la règle. C'est réduire l'intelligence à une fonction opératoire et combinatoire. L'analyse, la synthèse, l'archivage sont mis en avant au détriment de l'émotion, de la sensibilité qui concourent à ces propriétés phares de l'esprit que sont l'imagination et son pendant la créativité. Tous les paramètres psychologiques sont minimisés de la même façon, unilatéralement. « L'intelligence », sans cesse célébrée, des systèmes informatiques de pointe, est un abus de langage aux conséquences significatives dans tous les secteurs de la société. Que demande-t-on à un individu sinon de savoir fonctionner, répondre à une tâche, ordonner ses actes et ses paroles le plus raisonnablement possible. Celui qui fonctionne, répond, se comporte comme il se doit, sera jugé intelligent. L'intelligence artificielle n'a d'égale que la bêtise naturelle de ceux qui l'approuvent ou la programment.

Nick Boström, estime que « la sélection génétique peut améliorer le QI d'un pays de 60 % ». Ray Kurtzweil, lui, considère que la « superintelligence dépassera les performances des meilleurs cerveaux humains dans pratiquement tous les domaines ». Après lui avoir demandé sa définition des mots « superintelligence », « performances » et « meilleurs cerveaux » on sera curieux de savoir ce qu'il entend par ces « domaines » dans lesquels le genre humain est censé tenir la dragée haute à l'I.A.

Il est grand, l'esprit qui a pensé le premier que notre époque a ceci de parfait qu'elle est tout entière à mettre « entre guillemets » suivie d'un (*sic*) final.

27

Les béances dans le raisonnement scientifique de la doctrine transhumanistes ne sont pas ses seules faiblesses de fait. De la même façon qu'elle occulte l'aspect psychologique dans son approche de l'« intelligence », elle fait l'impasse sur le paramètre écologique dans lequel l'espèce humaine est pour le moins impliqué. De son point de vue, elle doit continuer de s'émanciper de toutes les lois de la nature, et acquérir une complète économie vis-à-vis de son ancien écosystème. Sa vision de l'évolution, s'appuyant sur son stade final, confine au révisionnisme : nature et genre humain n'ont de relations qu'instrumentales. Il faut bien entendre la WTA :

> C'est par un investissement massif dans la recherche que l'humanité se sortira de la mauvaise passe environnementale dans laquelle le changement climatique l'a jetée...

... et que ses « recherches » passées ont fini par provoquer en étant converties par l'univers industriel en logique d'exploitation commerciale.

DIATRIBE

1

Faut-il que l'époque soit rude pour que ceux qui la vivent veuillent se transformer de la plus radicale des manières. Le rêve transhumaniste est celui d'un bien triste dormeur. De quel chihuahua le bouledogue est-il le fantasme ? Pour quel sang de navet les stéroïdes sont-ils un nectar ? Quel imbécile veut des puces à la place du cerveau ?

Toute l'entreprise semble consister pour les uns à faire trouver normal aujourd'hui ce qui était anormal hier, et pour les autres à trouver souhaitable à présent ce qu'ils auraient refusé en bloc il n'y a pas si longtemps. Il faut dire qu'on nous vend ces « améliorations » biotechnologiques grâce à l'alibi médical : il est difficile de refuser ce qui se présente conçu au bénéfice de la Santé. On en vient à estimer raisonnable d'attendre de la sacro-sainte science ce que l'on trouvait fou à lier de demander à une divinité vaudoue.

La devise sportive « Plus vite, plus haut, plus fort » a été remplacée par « Plus efficace, plus jeune, plus longtemps » sans être remise en doute. Décidément la vérité, c'est ce que le plus grand nombre croit vrai. Il ne vient à l'esprit de personne, et certainement pas de ceux qui en dressent le portrait, de s'interroger à propos de cette vie « augmentée ». Et d'abord de savoir si celle qui ne l'est pas encore, « augmentée », aura été pleinement vécue ? On nous changera la couleur des yeux et nous ne verrons plus qu'on nous a ôté les couleurs du monde.

Désormais, tout ce que l'on fait précéder de la locution « D'ici quinze ans » a l'air plausible. « D'ici quinze ans, ma voiture m'apprendra à ne plus apprendre à conduire », « D'ici quinze ans ceux qui le voudront auront des branchies », « D'ici quinze ans on vivra mille ans », « D'ici quinze ans les poules auront des dents ». Et si par malheur nous ne nous réjouissons pas de ces miracles, les technolâtres nous culpabilisent. Ce ne sont pas les « innovations » qui sont inutiles, contraignantes pour le corps et mutilantes pour l'esprit, c'est nous, leurs usagers, qui montrons de la mauvaise volonté à marcher « dans le sens de l'histoire ».

2

Il faut aimer le genre humain d'une bien étrange manière pour le vouloir tout autre. Et celui qui assure aimer les tournevis qui ont un corps gras à la place du manche et une mèche enflammée à la place de sa tige d'acier, peu importe qu'il parle en réalité d'une bougie. Il rencontrera toujours plus de gens mécontents d'eux-mêmes pour l'approuver et pour croire qu'ils pourront s'aimer en ne sachant plus ce qu'ils sont.

Cette cécité volontaire s'explique peut-être parce que, au préalable, l'existence de ceux qui décident de celle des autres s'est depuis longtemps vidée de tout ce qu'ils s'emploient à nous priver à notre tour. Un technocrate n'a pas de mal à technocratiser la vie de ses contemporains, et un transhumain à rendre rien moins qu'humain celle des siens.

Pour que les choses puissent ainsi *changer de nature*, il a d'abord fallu que les mots changent de sens. La première victime de la transcendance technique que notre époque prescrit est l'instance symbolique. Ainsi le corps n'est plus un organisme mais un « matériau ». Le cerveau n'est plus un organe mais un « ordinateur ». Le sexe n'est plus un destin personnel mais un « item facultatif ». Les transhumanistes excellent à manier les termes génériques et abstraits avec autorité. Cela en impose. Prenons l'une de leurs déclarations de principes phares, lorsqu'ils prétendent vouloir « augmenter nos capacités pour vivre heureux pour toujours ». Et questionnons terme à terme :

« augmenter » : comment ?
« nos capacités » : lesquelles ?
« pour vivre » : quelle vie ?
« heureux » : c'est-à-dire ?
« pour toujours » : pourquoi ?

C'est dans une cafétéria de Stanford University qu'on a pu entendre :

> La vérité c'est comme la poésie, elle ne sert plus à personne.

Il sera de moins en moins évident de nous faire entendre avec des mots qui n'ont pas renoncé à exprimer tout le contraire du faux.

3

Les transhumanistes ne sont pas à une contradiction près.

Ou bien l'horizon qu'ils annoncent pour demain est une fatalité comme ils le répètent, et toute leur propagande est inutile, ou bien il serait le résultat d'une politique précise et volontaire dont le premier moyen de l'imposer serait de le décréter inévitable. Ce qui en signerait le caractère parfaitement évitable.

Avec eux, il est soit trop tôt pour juger du « progrès » qu'ils prônent, soit trop tard pour y renoncer. Nous entrons pour les comprendre dans le monde merveilleux des lapalissades : leur idéologie est la plus adaptée à l'avenir car elle l'aura façonné de manière à ce qu'il lui soit, lui, le mieux adapté.

Ce dont cette doctrine nous apporte la preuve, c'est qu'à la suite des autres considérables « progrès » dont elle est l'héritière, la vie est devenue si invivable qu'il faut pour certains devenir bien autre chose que des êtres humains pour pouvoir la vivre. Il ne s'agit même plus de trouver une issue à l'impasse dans laquelle nous nous trouverions, mais de nous adapter à cette impasse pour nous y sentir comme des poissons dans l'eau.

Un autre trait remarquable de cette doctrine réside dans son déni de toute idée de

« nature humaine » sauf pour démontrer qu'il est justement dans la nature de l'Homme de s'en détacher toujours plus.

Il reste deux supériorités à la vie imparfaite que les transhumanistes veulent « augmenter » à coups d'implants, de gènes régénérés et de nanorobots. D'une part, c'est la seule vie qui permette d'imaginer tout ce que ces *augmentations* pourraient lui retirer en contrepartie. D'autre part, c'est aussi la seule qui permette à l'individu d'en refuser une autre. La seule vie qui comprenne l'infini en elle, celui des jouissances réfléchies, celui de la liberté qu'octroie le hasard.

Enfin les innovations biotechnologiques ont pour qualités premières d'apporter des réponses totalitaires à des questions qu'elles sont seules à se poser. À titre indicatif, soixante personnes sont à elles seules aussi riches que la moitié de l'humanité. Quel sens peut avoir le fait d'employer des sommes faramineuses à modifier la forme de la vie quand ce sont ses conditions mêmes que le plus grand nombre voudrait voir changées ? Cela dit, quand il répète avoir la solution à tous fléaux contemporains, il faut croire le transhumanisme : la décapitation ne règle-t-elle pas à sa façon les maux de tête ?

4

Il y a ceux pour qui la grandeur réside dans le fait de prendre la tête des événements qui font l'Histoire, et les autres pour qui elle consiste à leur résister.

« On n'arrête pas le progrès », dit le cliché. Et la technique lui a enfilé ses bottes de sept lieues. Si quelqu'un veut retarder le moment de mettre en question la direction qu'on lui fait prendre, c'est qu'il veut voir le malheur au plus près alors qu'il pourrait s'en tenir à en avoir entendu parler, et c'est qu'il veut appeler les secours pour lui quand il pourrait encore les envoyer à d'autres.

Longtemps la négligence est permise. Jusqu'au moment critique où elle n'est plus de saison. Alors il est trop tard pour être conséquent. Il est vrai qu'il est exigeant de faire preuve de conséquence lorsque l'on comprend qu'on ne peut légitimement s'opposer au projet transhumaniste si l'on accepte tel quel le monde dont il procède entièrement.

Peu importe que ses prophéties ne se réalisent jamais, le plus grave est qu'elles modifient déjà l'idée que le genre humain se fait de lui-même. Le sujet devient objet. La vie est toujours plus en devoir d'être utile à un monde qui a toujours moins de respect pour elle.

Il y a plus de points communs entre un robot et le transhumain qu'entre ce dernier et Mozart ou Picasso. « L'Homme est le plus heureux des êtres vivants, et par conséquent, le plus digne d'admiration », écrit magnifiquement Pic de la Mirandole dans son *Discours sur la dignité de l'homme*. Il poursuit :

> Qu'une saine ambition envahisse notre esprit pour que, sans nous contenter des

choses médiocres, nous aspirions aux plus hautes et appliquions toutes nos forces à les atteindre.

Quel courant de pensée s'emploierait à rendre la population plus paresseuse, plus rêveuse, plus irrégulière, plus étrange, toujours moins domestiquée, toujours moins clonable et plus excessive dans sa passion de la libre conscience ? Si le cas se présentait, nous le tiendrions en plus haute estime que la doctrine qui a occupé ce livre. Pour le moment c'est elle qui gagne du terrain.

DU MÊME AUTEUR

ROMANS

Le Talisman, Grasset, 2016.
La Belle, Grasset, 2013.
L'Autre Vie, Gallimard, 2009.
Technosmose, Gallimard, 2007.
Maître-Chien, Phébus, 2004.
Journal d'un cœur sec, Phébus, 1999 (Prix François-Mauriac de l'Académie française 2000).
Fiasco, Phébus, 1997.

ESSAIS

Masdar, la mue du monde, Les Belles lettres, 2014.
Chair philosophale, Edwarda, 2013
Cailloux sur le chemin de Pan (sculptures et dessins de Zigor), Hegoa, 2012.
Le devenir du Nombre, Stock, 2012.
Petit éloge de la joie, Gallimard, 2011.
Présence d'esprit, Stock, 2010.
Palace forever, Distance, 1996.

NOUVELLES

Filles de rêve, L'arbre vengeur, 2016.
Les Filles de l'ombre, Phébus, 2002 (Prix de la nouvelle de l'Académie française, 2002) ; rééd. coll. « Libretto », 2004.

POÈMES

Aux dimensions du monde, Léo Scheer, 2004.

Imprimé en France par Présence Graphique - Monts

Composition : Le vent se lève...

N° d'imprimeur : 091655717
Achevé d'imprimer : octobre 2016
Dépôt légal : octobre 2016